F. フレーベルのヒントによる

ボールあそびと手あそびの歌

千種　民江／熊谷美智代
著

大学教育出版

序

２００２年の春、元頌栄幼稚園々長でいらした西垣光代先生から「ブランケンブルグで開催される　F.フレーベル没後１５０年祭行事に参加しましょう」とのお誘いを受けました。当時丁度、現在の仕事に就いたばかりの私には時間と心のゆとりがなく、残念ながら折角のお誘いをお断りしたのですが、せめてF.フレーベルの音楽教育に関する資料（特に楽譜のようなもの）があれば入手してきて欲しいとだけお願いしました。有難い事に先生は“M. Grübler によって編纂されたF.フレーベルのボール遊びうた”と“同手遊びうた”と題する２小冊子を持ち帰って下さいました。　大喜びの私は早速その中の数曲を翻訳し、授業の中で学生達に歌わせたり遊ばせたりしましたが、先生から全曲の翻訳を勧められていたにもかかわらず、なかなか時間を見出せずに気ばかり焦っていました。今回、共同執筆して下さった熊谷美智代さんにその事を話すと、“じゃ一緒に翻訳して歌の本を作りましょう”と気軽に云って頂けました。お陰で漸く今回の出版に漕ぎ着けた次第です。

ところが、いざ取り掛かってみるとドイツ語と日本語の違いが大きな障害となって作業が滞りました。各遊び歌をドイツ語で歌うと調子が良いのに、日本語に訳して歌うと歌詞とメロディーの間合いが悪くて全く歌にならない事（ドイツ語の抑揚、強弱、韻律に合わせて作られたメロディーは音の高低巾が広すぎ、また強音と弱音の差の大きいドイツ語のリズムは長くて平坦な日本語の音節には不向き）で苦労しました。結局メロディー、リズムともに大幅に変更する一方で、直訳した歌詞を日本の子供らしい言葉に当てはめるために、ほとんど改訳を余儀なくされました。しかし、あくまでF.フレーベルの意図する内容と精神はそのままに留め、各歌の教育的意義を遊びの効果として反映させるよう努めました。その結果、これまでの我が国の「遊び歌の本」と比べると、多少趣きの違うものになりましたが、反面かぎりなく「こどもの遊びの原点」に近いものが出来た様な気がします。これらの曲が保育園や幼稚園また家庭の母子の遊び歌の１曲として役立つことが出来れば幸甚です。

出版にあたり、ドイツから可愛らしい２冊の「遊び歌」の本を持ち帰って下さり、翻訳を勧めて下さった西垣先生、ならびにドイツ語の表現に対する子供の動作を御自身の体験を通してアドヴァイスして下さった　ウルズラ原田さん（福岡市在住）、また翻訳、改訳、編曲を快く了承して下さったMichael Grübler 氏に心より感謝いたします。

２００７年12月

千種　民江

目 次

第２部　手遊びの歌

第1部

ボール遊びの歌

F. フレーベルにとって球はあらゆる自然の形の原形である。それゆえ彼はボールを子どもの最初の玩具であり、子どもの最も愛すべき不変の遊び友達と性格づける。彼は言う、「小さなボールは子ども自身の扱いによって自由に動かすことができ、落ちること、跳ねることができ、傾けること、揺れること、回ることができ、遠くへ行ったり近くへ来たりさまよったり隠れたりすることができる。それによって子どもは、それらの現象をすべて学び、悟ることができ、やがては自分の力を信頼することができるようになる」と。F. フレーベルはブランケンブルグに創設した世界最初の幼稚園で、彼の協力者・作曲家であったR. コールと共に“100曲のボール遊びの歌”を制作し、遊びを試みた。第1部ではその本と“F. フレーベルのボール遊び歌”(1995. M. Grübler が選択、編纂)からの13曲をもとに改訳、編曲、作曲を行った。

各遊び方については参考までに一例を示したにすぎない。時の状況(子どもの年齢、人数、ボールの大小や色彩、スペースや壁の広さ、天井の高さなど)に応じて保育者自身が自由にアレンジし、活用されることを希望する。

熊谷　美智代

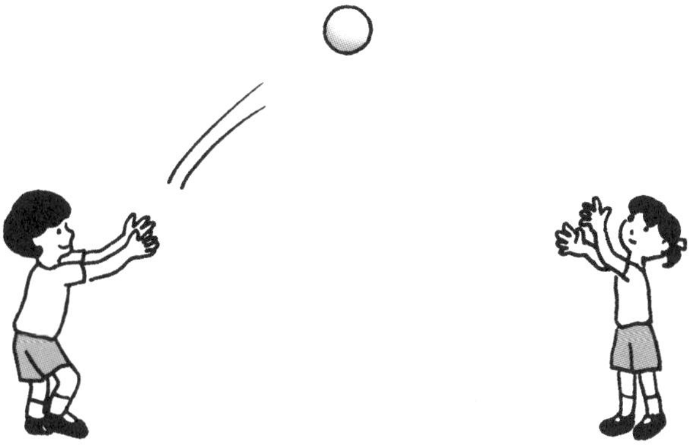

数え歌

曲　：M. Grübler
　　　千種，熊谷
詩　：F. Fröbel
改訳：千種，熊谷

①
②
ポン　ポン　ポン　と　は　ね　か　え　れ
5
③
1　回　2　回　3　回　4　回
9
①
②
ポン　ポン　ポン　と　か　ぞ　え　ま　しょう

〈遊び方〉

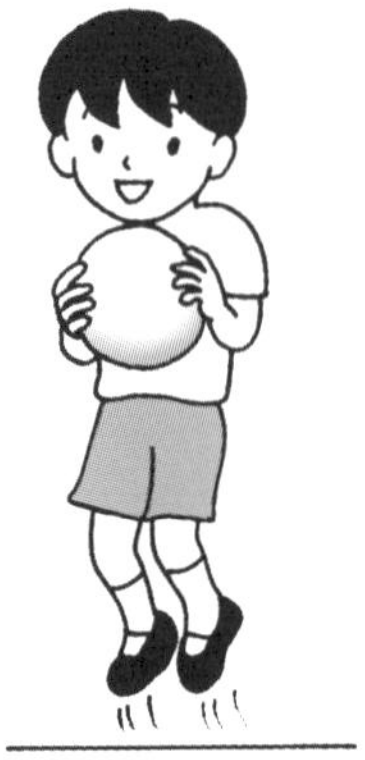

①ボールを持って３回飛ぶ

②床にボールをつく

③ボールを床について１回ごとにつかむ

〈遊びの効果〉

・子どもの数を数える能力と同じ速度でボールをつき、つかむ力を養う

ボール投げ

曲　：千種，熊谷
詩　：F. Fröbel
改訳：千種，熊谷

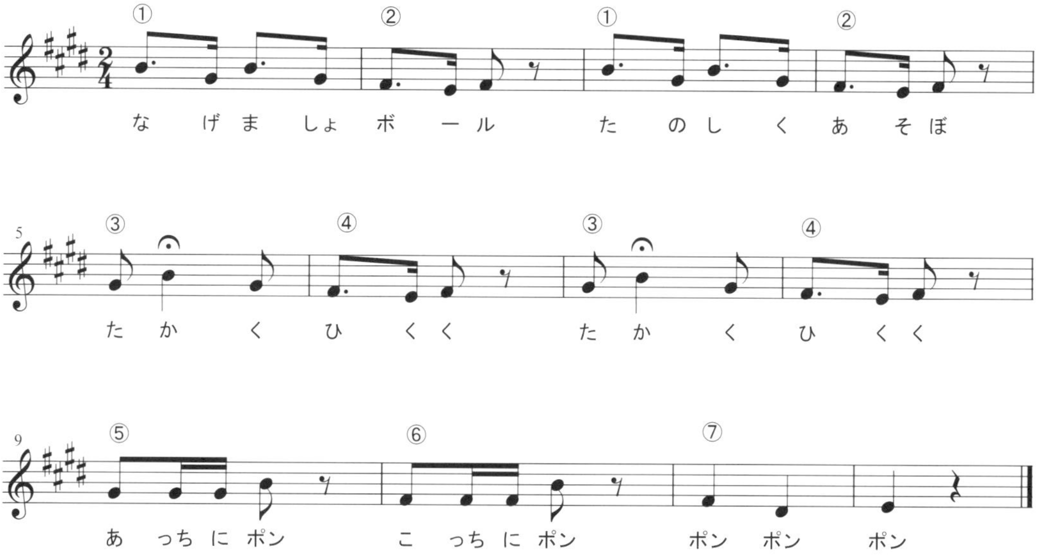
なげましょボール　たのしくあそぼ
たかくひくく　たかくひくく
あっちにポン　こっちにポン　ポンポンポン

〈遊び方〉

①ボールを持って上下に振る

②ボールを頭の位置くらいに投げる

③高くボールを放り投げる

④低く投げる

⑤ボールを少し右へ投げ移動してつかまえる（2人の場合は相手に投げる）

⑥ボールを少し左へ投げ移動してつかまえる

⑦ボールを持ってジャンプする（または、ボールを両手の平で軽く上へつく）

〈遊びの効果〉

1. 歌い方と子どもの器用さによって、どのようにボールを動かすことができるかが決まる
2. フェルマータの際には充分に時間をかけることによって、ボールを投げる高さ、速度を体得することができる

ころころボール

曲　：R. Kohl
　　　千種，熊谷
詩　：F. Fröbel
改訳：千種，熊谷

〈遊び方 1〉

1番

歌のリズムに合わせてボールを子どもＡからＢへ、ＢからＡへ、机または床の上で転がす

2番

向かい合っている場所を交代する（うたいながら）
「ホラ」以下は１番と同じ

〈遊び方 2〉

輪になって座り、輪の内側で自由にボールを転がす。「ホラ」からは、たくさんの子どもの中から１人を選んで、相手の名前を歌の中で呼びながらボールを転がす

〈遊びの効果〉

1. 歌の速度にボールの速度を合わせる感覚を養う
2. お互いに名前を自然な形で覚え、友情の輪を広げる

ぴょんぴょんボール

曲　：M. Grübler
千種，熊谷
詩　：F. Fröbel
改訳：千種，熊谷

① ② ① ②
あ が れ と ん で は ね ま わ れ
③ ④ ③ ④ ③ ④
さ が ー って ぴょん ぴょん ぴょん ぴょん

〈遊び方〉

①ボールを高く放り投げる

②手の平で低く軽く放り投げる

③ボールをつく

④ボールをつかむ

〈遊びの効果〉

1．ボールの動きで空間的な高低を認識する

2．リズムに合わせて動くことで、三拍子のリズム感を養う

蝶々のボール

曲　：M. Grübler
　　千種，熊谷
詩　：F. Fröbel
改訳：千種，熊谷

①
ちょ う ちょ の つ い た　き れ い な ボ ー ル
② ③
あ な た と わ た し　ちょ う ちょ の よ う に

〈遊び方〉

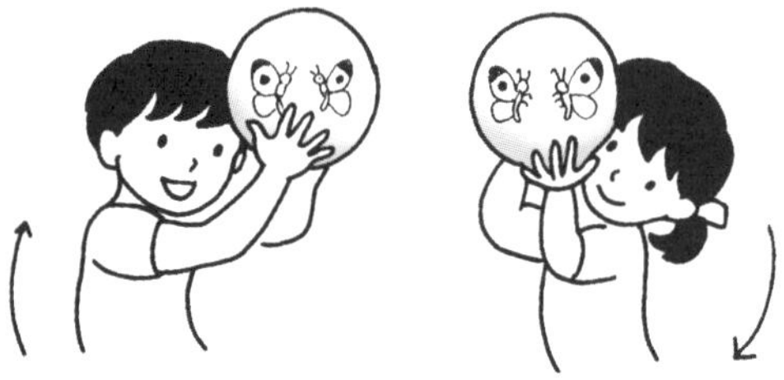

①各々１個ずつ両手でボールを持ち上げ、ゆっくり左右に振りながら蝶の絵をながめる

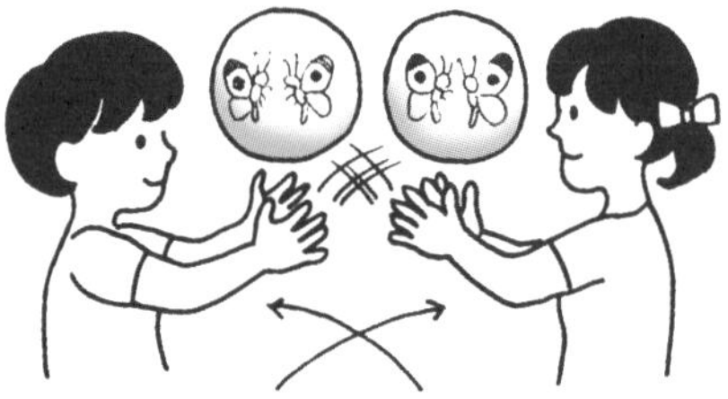

②向かい合って互いのボールを渡しあう

③２人でボールを左手に抱えて右腕を組み、ひと回りする（８分の６拍子で歩く）。または②を繰り返す

〈遊びの効果〉

1．蝶々のイメージから8分の6拍子の柔らかい拍子感を感じとることができる

2．ボールを風船に変えることによって色々なテンポを体得できる

落ちないボール

曲　：千種，熊谷
詩　：F. Fröbel
改訳：千種，熊谷

①　②　①　②
か　べ　に　ゴッ　ツン　コ　か　べ　に　ゴッ　ツン　コ
5　①　②　①　②
お　ー　っこ　ち　な　い　よう　に　つ　か　ま　え　ろ

〈遊び方〉

①壁に向かってボールを持つ

②壁に勢いよくボールを投げて、はね返ったボールを落とさないようにつかまえる
（壁が複数方向にある場合は、方向を変えて同様に行う）

〈遊びの効果〉

1．曲のテンポに合わせて、壁にボールをぶつける強さを認識する

2．ボールを落とさないようにつかまえるための機敏さを養う

みちくさボール

曲　：千種民江
詩　：F. Fröbel
改訳：千種民江

〈遊び方〉 1番・2番

①腕組みをして、首を左右に倒す

②顔の前で手を振って打ち消す

③ボールを指差して上下に振る

④あまり力を入れずに、ゆっくり転がす

3番

⑤ボールを両手で優しくなでる

⑥両手で軽くたたく

〈遊びの効果〉

1．そっと転がす時の手の力を体得させる
2．道草しないで真っ直ぐ帰ることを諭す

ボールよ止まれ

曲　：M. Grübler
　　　千種，熊谷
詩　：F. Fröbel
改訳：千種，熊谷

①
1. ボ　ール　を　ゆ　ら　そう　た　の　し　く　ゆ　ら　そう
2. ボ　ール　を　わ　た　そう　と　なり　に　わ　た　そう
5　②　③
うえ　した　うえ　した　うえ　した　トン
みぎ　ひだり　みぎ　ひだり　みぎ　ひだり　トン

〈遊び方〉１番

①両手にボールを持って左右に揺らす

②両手でボールを持って歌詞に合わせて上下に振る（上）

②（下）

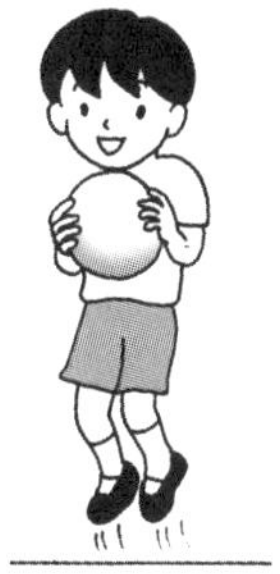

③胸の前でボールをつかまえて軽くジャンプする

２番

①両手にボールを持ったまま左右に揺らす

②歌詞に合わせて右手から左手、左手から右手へボールを持ち替える

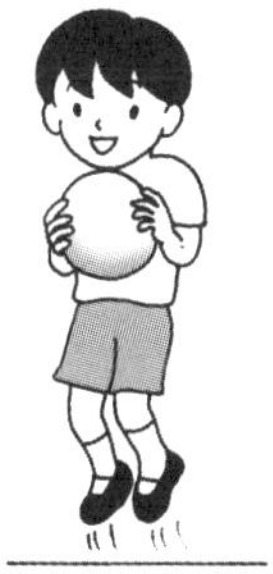

③胸の前でボールをつかまえて軽くジャンプする

〈遊びの効果〉

1．立体的な関係（上下、左右）をしっかり認識することで、空間的な位置関係を覚える

2．歌うことによって、空間的な位置と音の高低との具体的なつながりを認識する

いろんなボール

曲　：R. Kohl
　　　熊谷美智代
詩　：F. Fröbel
改訳：千種，熊谷

〈遊び方〉

①フレーベル第一教育遊具６色のボールを１小節に１個ずつ取り出す（何色でもよい）
（右で取っては左に持ち替える）

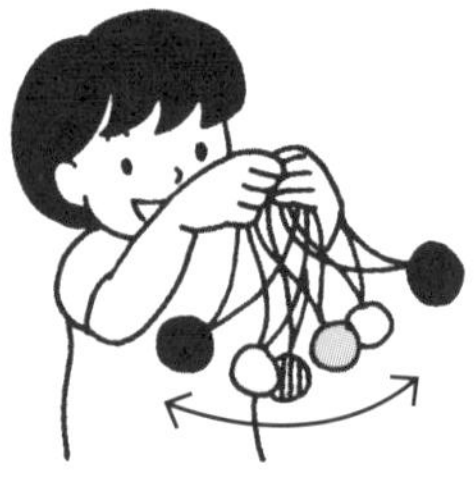

②6個そろったところでゆっくり振って遊ぶ

〈遊びの効果〉

・色々なボールを大切にひとつずつ取り出すことによって、ボールを人間のように大切に扱い、それぞれの色の違いを把握しながら6/8拍子（2拍子）に合わせて歌と調和することを楽しむ

6色ボール

曲　：M. Grübler
　　　千種，熊谷
詩　：F. Fröbel
改訳：千種，熊谷

①
②
あ お い そ ら の よ う な き れ い な ボ ー ル は る
5
③
の のは ら の よ う な み ど り の ボ ー ル パ ー
9
④
⑤
プ ル す み れ ー と あ か い の ば ら お ひ
13
さ ま キ ラ キ ー ラ み ー ん な き れ い

〈遊び方〉　（注）フレーベル第一教育遊具6色のボールを使用して遊ぶ

①身体を左右に揺らしながら、青い色のボールを右手に持って振る

②同様に緑のボールを左手で左右に振る

③同様に紫のボールを右手で左右に振る

④同様に赤いボールを左手で左右に振る

⑤黄色とオレンジ色のボールを両手に持って左右に振る

〈遊びの効果〉

1．歌いながら色の名称を覚える

2．歌のテンポに合わせて6色のボールを準備する時間の感覚を養う

ボールをゆらそう

曲　：R. Kohl
　　　熊谷美智代
詩　：F. Fröbel
改訳：千種，熊谷

①
なが く なが く ボ ール を ゆ らそ
5 ②
つぎ は い と を み じか く し よう
9 ③
ポン ポン ポン ポン ポン ポン げ ん き な ボ ー ル

〈遊び方〉

①フレーベル第一教育遊具のボールを使って遊ぶ
ボールの糸を長くして、リズムにあわせゆっくり振る

②糸を短く持ち直して同様に振る

③速くボールを動かす（上下、左右に）
（糸の長さに合わせてテンポを色々に変えてみよう　テンポが速くなったらボールを回してもよい）

〈遊びの効果〉

・糸の長さとボールの動きの関係を知る

アーチを作ろう

曲　：千種，熊谷
詩　：F. Fröbel
改訳：千種，熊谷

たかくとべ　まるくとべ　かわいい　ボール
もっとたかく　もっととおく　アーチをつくろう

〈遊び方〉

①子ども達は円になって隣の人にボールを投げる
②③④次々に隣にボールを投げる

⑤⑥⑦⑧少し円を広げ更に高く遠く大きくボールを投げる

（注）子ども同士の距離は、どれくらいの距離までボールを投げられるかによって、それぞれが自由に決められる

〈遊びの効果〉

・ボールは大きなアーチを描くほど、しっかり投げなければならないことを認識する
　そうすることで、身体能力を高めつつ楽しく遊ぶことができる

7つのボール

曲　：M. Grübler
　　　千種，熊谷
詩　：F. Fröbel
改訳：千種，熊谷

①
ボ ール が な な つ で ダ ンス を し ま しょう
②
げつ よう び ポン か よう び ポン すい よう び ポン もく よう び ポン
きん よう び ポン ど よう び ポン に ち よ う び ポン
①
ボ ール が そ ろ った ら ダ ンス を し ま しょう

〈遊び方１〉

7人の子どもが１個ずつ各々ボールを持ち机の片側に座る
机の向かい側には、ボールを持たない子どもが向かい合って7人座る

①ボールを持っている子どもは両手でボールを左右に振る
（ボールを持たない子は全員一緒に歌いながら手拍子をする）

②向かい側に座っている子どもに自分の担当する曜日のボールを転がす
他の子どもは休符の時にポンと手拍子する
（8分休符と4分休符の長さの違いに気をつける）

〈遊び方2〉

14人の子どもが各曜日を2人ずつで担当して、ボールを真ん中に置き3mくらい離れて向かい合って立つ。(月～日曜日のボールを決めて順に並べておく)

①大きなボールの真似をして自由にみんなで踊る

②真ん中のボールに向かって踊りながら近づき、自分の担当する曜日の歌詞でその曜日のボールをそっとたたく

③最後にボールから離れて踊りながら元の位置に戻り、位置を交替する

〈遊びの効果〉

1. 遊びを通して曜日の名称と順序を覚える
2. 休符の長さ、タイミングを覚える
3. 各々のボールに対するイメージを膨らませることができる

第2部

手遊びの歌

小さな子どもは産声をあげると同時に、手足を動かしはじめる。特に手の動きは多様で自分の顔を引っ掻いたり、指を口に入れたり、そして少し大きくなると母親の腕を掴もうとしたり、おもちゃを握ったり放ったり、スプーンを持って食卓を叩いたりするようになる。そうすることで子どもは、か弱い手の機能を次第に発達させ、同時に周りの世界へと認識の輪を広げてゆく。我々は手の形でもって山や川や動物などを描写することができるが、手の動きはさらに多くの事柄を表現することができる。例えば、上下、左右、前後、水平垂直、高い低い、重い軽い、硬い軟らかい、速い遅い、等々。子どもは手遊びをすることによって自然にそれらを受け入れ消化してゆくと同時に、母親や兄弟姉妹と一緒に歌って遊びながら人間の喜びや慰めを感じて成長していく。

第2部では、“母の歌と愛撫の歌”（詩：F. フレーベル　曲：R. コール）と“大人と子供の手遊びの歌”（2002. M. Grübler　がF. フレーベルの詩をもとに編纂）から13曲を選び、改訳、編曲、作曲を試みた。なお、M. Grüblerが用いたドイツの伝承歌とFolk Songのメロディーは、ほぼ原曲に近い形で採用した。

各遊び方についてはボール遊びと同様に、保育者自身が自由にアレンジして活用されることを希望する。

千種　民江

ゆかいな手遊び

曲　：伝承歌
改訳：千種，熊谷

〈遊び方〉1番

①手を開いて左右に振る

②親指だけ出して左右に振る

③ヘトヘトな様子で親指を倒す

④人差し指を出す→最後まで

2番

①手を開いて左右に振る

②人差し指を振る

③ヘトヘトな様子で人差し指を倒す

④小指を出す→最後まで

3番

①手を開いて左右に振る

②小指を左右に振る

③ヘトヘトな様子で小指を倒す

④握りこぶしを作って振る→最後まで

4番

①手を開いて左右に振る

②握りこぶしを振る

③ヘトヘトな様子で握りこぶしを下に向ける

④肘を開閉させる→最後まで

〈遊びの効果〉

1．友達や家族で手を振りながら遊ぶことによって、心の広がりを育てる

2．手の各部位の名称を覚える（特に肘）

3．各部を部分的に使うことによって手の器用さを養う

大工さん

曲　：R. Kohl
　　　千種民江
詩　：F. Fröbel
改訳：千種民江

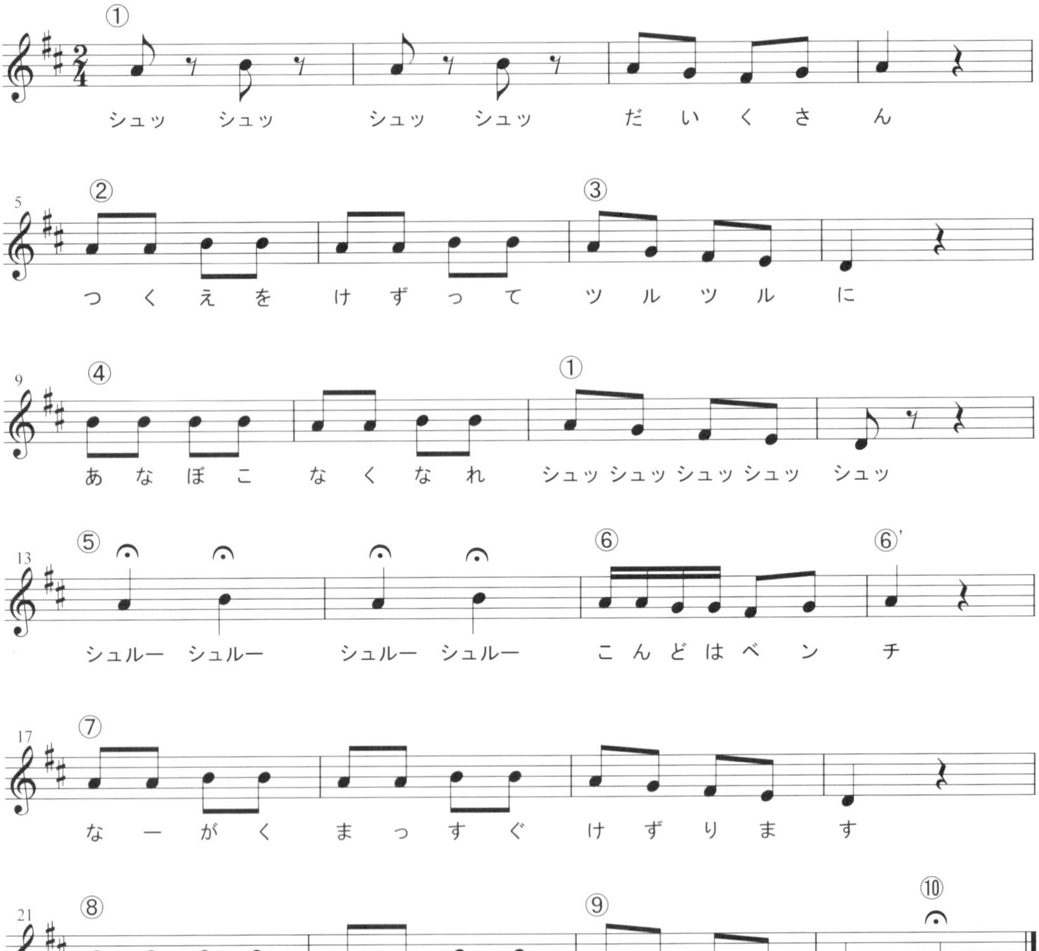

〈遊び方〉

①両手でカンナを動かす動作（速く短く）をする

②机の形（四角）を腕全体で描く

③左手の平に右手の平をのせ、ツルツルとすべらす

④親指と人差し指で円を作り、左右に振る

⑤ ①の動作をゆっくり行う

⑥両手の平を下にして中央から左右に水平に開き、⑥'で垂直にする

⑦ ⑤の動作を繰り返す（4回）

⑧両手を交差して胸にあて首を左右に振る

⑨両腕を頭上から大きくおろす

⑩ ①の動作をゆっくり行う

〈遊びの効果〉

・大工さんの勤勉さと仕事の正確さを教えて労働に対する感謝と尊敬の気持ちを抱かせる

おくびょう　うさちゃん

曲　：R. Kohl
　　　千種，熊谷
詩　：F. Fröbel
改訳：千種，熊谷

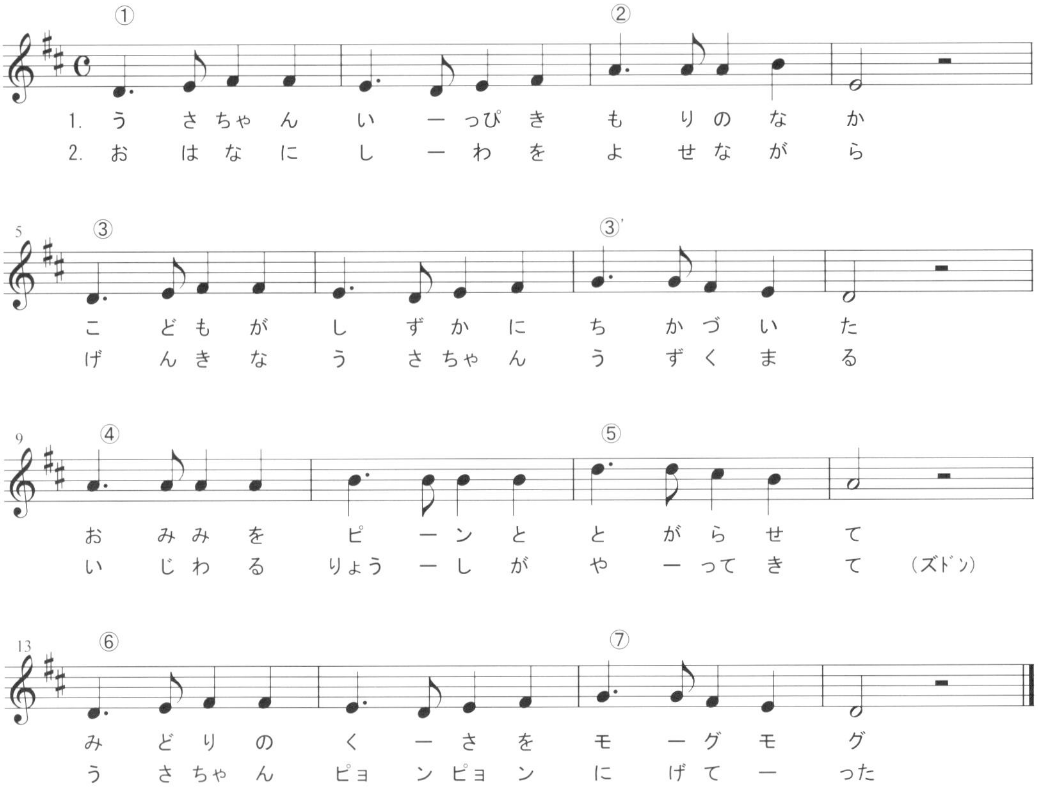

〈遊び方〉 1番

①立ったままで頭の上に両手を立ててうさぎの真似をし、指をピョコピョコ動かす

②両手を伸ばしてゆっくり下に降ろす

③しのび足で足踏みする（または歩く）

④人差し指を頭の両側に立てる

⑤両腕を伸ばし高く上げる

⑥手首を左右に回してヒラヒラさせながら下まで降ろす

⑦両手をくっつけ手のひらで草を食べる真似をする

〈遊び方〉２番

①鼻を指さす
②鼻を動かしてシワをよせる

③ ①と同じ

③'身体を丸めて小さくうずくまる

④右肩に鉄砲を担いだ格好で歩く

⑤親指と人差し指を立て鉄砲をかまえて左右に振る

（ズドン）で手を伸ばし鉄砲を上に向ける

⑥ ①と同じ

⑦ ⑥のまま両足で3回はねる

〈遊びの効果〉

・いつも周囲に注意を払いながら安全に行動しなければならないことを教える

てんとう虫のお散歩

曲　：伝承歌
改訳：千種，熊谷

①
②
1. てん と う むし の パ パ が い く てん と う
2. てん と う むし は あ か い ふ く く ろ い
6
③
むし の マ マ も い く つ づ い て ち
てん てん か わ い い な お に わ の べ
10
④
い さ い こ ど も た ち が い く あ と か ら あ
ン チ を な ら ん で お さ ん ぽ きょ う ー は う
14
⑤
と か ら ゾ ロ ー ゾ ロ ラン ラン ラン
れ ー し い に ー ち ー よ う び

〈遊び方〉１番

①（机の上または床で）右親指を下に向け、指先でトントンと床をたたきながら右から左へ移動させる

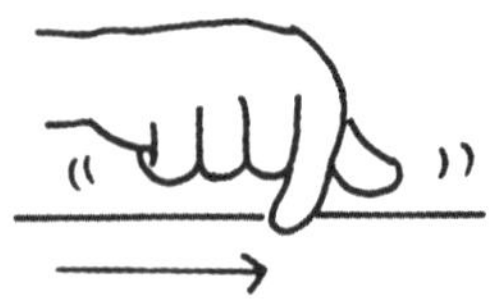

②親指のとなりに人差し指をおいて①と同様に移動させる

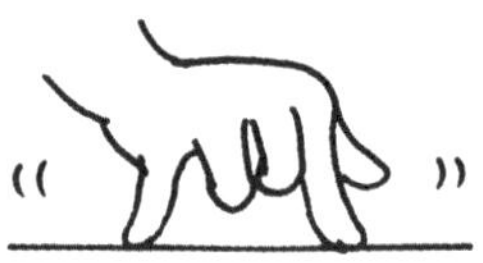

③ ②に小指を加えて同様に移動させる

④右手全部の指で移動させる

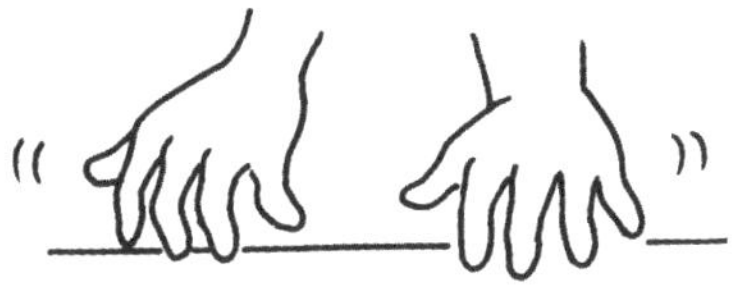

⑤両手の指先で床（又は机）
を軽くたたく

２番

①右手で右肩を左手で左肩を
軽くたたく

②親指と人差し指の指先をく
っつけて円を作り、左右に
振る

③両手でピアノを弾くように
指をパラパラ動かしながら
右から左へ移動する

④ ③の逆に左から右に移動す
る

⑤まん中で親指の指先同士を
合わせ、手を開いて左右に
振る

〈遊びの効果〉

1．家族が仲良く過ごす様子を教える

2．指先の機能を敏感にさせることができる

わたしの家族

曲　：R. Kohl
　　　千種，熊谷
詩　：F. Fröbel
改訳：千種，熊谷

〈遊び方〉

①親指を出して左右に振る

②人差し指を出して同じく

③中指を出して同じく

④薬指を出して同じく

⑤小指を出して同じく

⑥手を開いて左右に振る

⑦手拍子をする（８回）

〈遊びの効果〉

1．おじいさん、おばあさんのいる大家族が仲良く暮らす様子を歌って家族の絆の大切さを教える

2．日本の歌は父母から始まるのに対してフレーベルのこの歌は祖父母から始まるところが興味深い（核家族の家庭では父母から歌い始めるのもよい）

輪になる魚

曲　：R. Kohl
　　　千種民江
詩　：F. Fröbel
改訳：千種民江

① き れ い な お が わ サ ラ サ ラ
② ち っ ちゃ い さ か な ③ ピチ ピチ ピチ ピチ ク
④ ルッ クルッ ク ルッ クルッ ま わっ て お よ ぎ
⑤ どん ど ん おお き な わ に な ー ⑥ った

〈遊び方〉

①両手を横８の字に揺らして川の流れを描く

②親指と人差し指で魚の形を作る

③ ②を少し横に離して５本の指をピチピチさせる

④人差し指をくるくる回しながら少しずつ両手を開く（下から上へ外回し）

⑤人差し指はそのままで腕全体を上から下へだんだん大きく回す

⑥頭の上で大きな円を作る

〈遊びの効果〉

1．澄みきった小川に小さい魚が沢山集まる様子を表現する

2．その魚の動きを観察することにより、自然の美しさを大切にすることを学ぶ

ハトの小屋

曲　：R. Kohl／M. Grübler
　　　千種，熊谷
詩　：F. Fröbel
改訳：千種，熊谷

ハ ト ご や ひ ら く と い ち ど に パ っと と び だ す み
ど り の の は ら で た の し く あ そ ぶ よ お
そ と は み ん な だ い す き そ ろ そ ろ う ち へ か え ろ う グル
グル グル グル は と ご や へ グル グル グル グル と が し ま る

〈遊び方〉

①ハト小屋をイメージして両手首と指先を合わせ、丸い形を作る

②手首を合わせたまま指先を開いてハト小屋の屋根が開いたようにイメージする

③パッと両手を離し、円を描きながらゆっくり手を下ろす

④両手を大きく波打たせる（立ったり座ったりしてもよい）

⑤片手ずつ胸に手を重ね、首を左右に振る

⑥人差し指を立てて遠くを指差して振る

⑦両手を開いて鳥が飛ぶまねをする

⑧両手首を合わせたまま身体を左右に振る（②の手の形）

⑨ ⑧の形からゆっくりと指先をくっつけていく

〈遊びの効果〉

1．遊びに夢中になり過ぎて帰宅時間を忘れないことを教えている

2．ハト小屋の形を実際に手で作り、屋根が開いたり閉じたりすることを楽しむ

指ピアノ

曲　：千種民江
詩　：F. Fröbel
改訳：千種民江

①
②
こ っち をむい て ご ら ん おてーての ピ ア ノ
5 ③
④
お ゆーび で お せ ば きれーい に ひ び く
9 ⑤
ラ ラ
13
ラ ラ ラ ラ ラ ラ ラ ラ ラ ラ ラ ラ ラ ラ

〈遊び方〉

①手の平を自分の顔に向けて、おいでおいでをする

②手の平を上に向けて指を開き、水平に動かす（ピアノの鍵盤を表す）

③両手を重ねる（右上、左下に）右指で左指を軽く押す

④左手はそのままで、右手をパラパラさせる

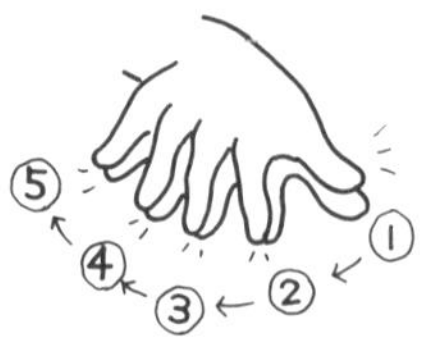
⑤
④
③
②
①

⑤順に右指で左指を押さえる（ピアノを弾くように）

〈遊びの効果〉

1．右手指先の運動能力を養う

2．初歩的なピアノの鍵盤の知識を養う

3．余裕があれば左右の手を交換して行うと良い

チクタク

曲　：R. Kohl
　　　千種民江
詩　：F. Fröbel
改訳：千種民江

①
みてよ　みてよ　とけいの　ふりこ
②
いったり　きたり　ただしく　うごく
③　④　⑤
チクタク　チクタク　チクタク　チクタク　ごはんのときも　ねているときも
③　⑥　⑦
チクタク　チクタク　チクタク　チクタク　いつでも　げんき

〈遊び方〉

①右前方を指す（4回×2）

②手の平を0型に合わせ左右に揺らす（4回×2）

③小さい手拍子（8分音符に1個ずつ）

④食べる動作

⑤両手を合わせて横に倒し、その上に首をかしげる

⑥腕を中央で交差し、そこから左右に開きながら上げる

⑦力持ちの格好をする

〈遊びの効果〉

・時計の針が正確に絶え間なく時を刻むことに注意を向け、時間の大切さを認識させる

お花のプレゼント

曲　：R. Kohl
　　　千種，熊谷
詩　：F. Fröbel
改訳：千種，熊谷

①
き れ い な は な か ご を み ん な で つ く り ま しょう
② ③
あ か あ お き い ろ の い ろ ん な お は な
(カットしてもよい)
④ ⑤
パ ー パ に プ レ ゼ ン ト マ マ に も プ レ ゼ ン ト
⑥
ラ ラ ラ ラ ラ ラ ラ ラ パ パ ど う ぞ
⑦
ラ ラ ラ ラ ラ ラ ラ ラ マ マ ど ー う ぞ

〈遊び方〉

①立った姿勢で、手を合わせ花籠の形にして、二拍子（6/8拍子）のリズムにあわせ左右にゆっくりと揺らす

②片手ずつ手を開いて手首を回転させながら上から下ろす

③両手で同時に手首を回転させながら、上から元の位置まで手を戻す

④右手の人差し指で右側を指して２回振り、両手でプレゼントを差し出すまねをする

⑤左手の人差し指で左側を指して２回振り、両手でプレゼントを差し出すまねをする

⑥その場でスキップしながら１回転し、右の方へ花籠を差し出すまねをする

⑦その場でスキップしながら１回転し、左の方へ花籠を差し出すまねをする

〈遊びの効果〉

・美しい花の贈り物をイメージして両親に感謝する気持ちを養う

小鳥の巣

曲　：R. Kohl／M. Grübler
　　　千種，熊谷
詩　：F. Fröbel
改訳：千種，熊谷

こ えだ の う ーえ に ち い さ な と りのす
た まご が ふ たつ か あさん に だ かれ
よ びーま す ピ ピ ピ は やくで て お い で
い い こ よ ピ ピ だ い す き ピ ピ

〈遊び方〉

①人差し指を立てて頭の前で上下に大きく振る

②両手指を根元から深く組み、指を立てて鳥の巣に見立てる

③親指と人差し指の先をくっつけて円を作り、左右に振る

④胸の上に右手と左手を交差して重ね、上体を左右に揺らす

⑤両手を上下に合わせて口にあてる

⑥くちばしのまねをして上下にパタパタと開閉する

⑦左手のこぶしを右手の平でなでる

〈遊びの効果〉

1．これから生まれる生命に対する母親の愛情を感じ取ることができる

2．親子の愛情の大切さを自然な形で教えている

10人の元気な小人

曲　：伝承歌
改訳：千種，熊谷

①
②
1. じゅう にん の こ び と は げ ん き だ よ
2. じゅう にん の こ び と は う え し た に
3. じゅう にん の こ び と は ま わ り ま す
4. じゅう にん の こ び と は ひ と や す み

5
③
④
い つ も た の し く お し ご と だ
じゅう にん の こ び と は ち か ら も ち
おて て を つ な い で な か よ し さ
じゅう にん の こ び と は か く れ ん ぼ

〈遊び方〉１番

①両手を開いて左右に振る

②両手を握り締め高く上げて、元気に振る

③ ①と同じ

④４回手をたたく

２番

①両手を開いて左右に振る

②手を開いたまま腕を上下する

③ ①と同じ

④肘を曲げて手を握りしめ上下させる

３番

①両手を開いて左右に振る

②手を開いたまま手首だけ回す

③両手の指先同士を合わせる

④ ③の形のまま手首を前後に回転させる

４番

①両手を開いて左右に振る

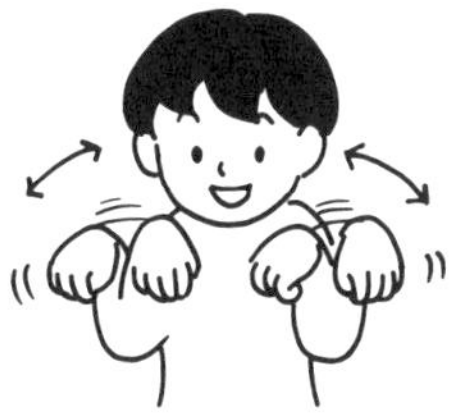

②軽く手を握り締める

③ ②の形のまま左右に振る

④両手を背中に回して隠す

〈遊びの効果〉

1．５本の指、手首、腕を意識的に別々に動かすことにより、各部分の意識を高め、運動機能を発達させる

2．10本の指がいつも協力して仕事をしていることを教え、人と協力することの大切さを教える

ピョン太の冒険

曲　：folksong
改訳：千種，熊谷

①
②
③
④
1. あーるひピョン太さんぽたー
2. ピョーン太はドンドンおよぐすい
3. ゆーっくりまわるすいしゃピョン
4. びしょぬれっ毛のピョン太おう
5. とうさんどなりますきを
ったひとりでのはらをとんで
しゃごやまでそこにはでっかい
太とびのりてーっぺんまで
ちへいそぐタオルでかあさん
つけなさい！ひとりでおで
いったらかわにポッチャンコ
すいしゃコットンコットントントン
まわってぴょんときしへ
そーっとたたくポンポンポン
かけはまだはやいぞ！
（ピョン太）
ごめんなさい！

〈遊び方〉１番

①頭の上に両手を立ててうさぎのまねをし、指をピョコピョコ動かす

②人差し指を立てて軽く振る

③その場で4回飛ぶ

④頭から川へ落ちる格好をする

2番

①平泳ぎのまねをする

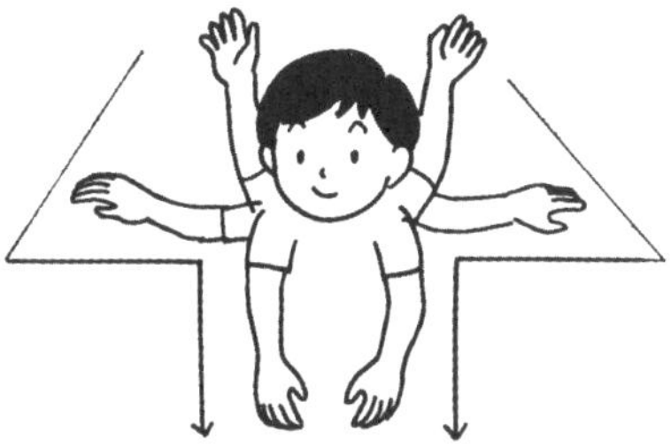

②両手で家の屋根の形を作る

③両腕を大きく開きながら下から上へゆっくり上げる

④両腕をまるく合わせて左右に振る

3番

①両腕を大きく広げて回す

②両腕を曲げて１回飛ぶ（うさぎが跳ぶ格好）

③両腕を広げて左回転させ右手を垂直に立て、左手を下に下ろす

④高く１回飛ぶ

4番

①水を払うように手首を振る

②手を握り締め肘を曲げて、走るまねをする

③タオルが手の上にあることをイメージして、両手の平を上に向け肘を曲げて身体を左右に優しく振る

④右手でタオルをかぶせる動作をした後、３回、かるくをたたく

５番

①怒る様子をイメージして、手を握り締め、少しずつ交互に頭の上まで両手を上げていく

②腕組みをして肩を上下に振る

③人差し指を立てて前後に振る

④顔の前で両手を交差し×の形を作って振る（ごめんなさい！）で頭を下げる

〈遊びの効果〉

１．幼児が１人で外出することを戒める

２．悪いことをした時には素直に謝ることを教えている

３．上下、左右、前後に身体を動かすことにより、空間的な位置を覚える

４．腕を高く上げることや、左右に大きく広げることで遊びながら全身運動を自然に行うことができる

■著者紹介

千種　民江（ちぐさ　たみえ）
広島大学教育学部音楽科卒業
同大学院教育学研究科研究生修了
兵庫教育大学大学院学校教育研究科修了
元・園田学園女子大学短期大学部幼児教育学科教授

熊谷　美智代（くまがい　みちよ）
武蔵野音楽大学音楽学部声楽科卒業
兵庫教育大学大学院学校教育研究科修了
園田学園女子大学短期大学部幼児教育学科非常勤講師

F. フレーベルのヒントによる
ボールあそびと手あそびの歌

2008年2月25日　初版第1刷発行
2011年4月 1 日　初版第2刷発行
2015年9月30日　初版第3刷発行

■著　　者――千種　民江
熊谷美智代
■発 行 者――佐藤　守
■発 行 所――株式会社**大学教育出版**
〒700-0953　岡山市西市855-4
電話(086)244-1268㈹　FAX(086)246 0294
■印刷製本――サンコー印刷㈱
■装　　丁――ティーボーンデザイン事務所
■イラスト――宇野紀子

ISBN978－4－88730－813－8